JN417996

저 강은 알고 있다

저 강은 알고 있다

김승여 시집

月刊文學 출판부

책머리에 시집을 내면서

어느 날엔가!
바람 부는 강가에 나 홀로 섬처럼 앉아 있음을 알았을 때
스스로 깊어지고 넓어질 줄 아는 강이 되어야 했다.
지난 여름 폭우로 가장이란 둑이 무너지면서
냇물이 강이 되어 바다로 가는 길,
숱한 바위와 부딪칠 때 조각난 썰물이 수초를 만나면
생(生)의 목줄도 가끔씩 조여온다는 것을 저 강은 알고 있다.

인생의 무상함을 탓하기 보다 세월이 일깨워준
삶의 교훈인 동행길 분신(分身)들과 희망이란 끈을 잡고 갈 때
여름 소나기도 여러 번 내렸고, 겨울 하얀 눈도 여러 번 다녀갔다.
사계절이란 친구들이 잡아준 손! 때론 바람도 벽인 양 기대고
외로울 때 주고받던 자연과의 대화 속에서 얻은 언어들을

한 줄 한 줄 엮어서 첫 시집이란 이름으로
세상에 내보내려 한다.

산이 높다 하여 '다' 명산이 아니듯
'시'를 쓴다고 '다' 유명 시인이 아닌,

저의 글이 설혹 독자님 눈과 마음에 비켜선 점이 있더라도
자비로움과 은총으로 배려해 주시면 다음 시집에서는 더
성숙한 글로 찾아뵙겠습니다.
제 시를 읽으시는 독자들과 가족에게 이 시집을 바칩니다.
감사합니다. 사랑합니다.

2022년 6월
서지 김승여

책머리에 시집을 내면서 004

이팝나무 015
청풍나루 016
진눈깨비 017
당신 그리운 적 많았다 018
엄마 019
친구 020
무명꽃 021
못 이룰 사랑 022
농부와 소낙비 023
청령포 024
구름처럼 흐르시오 025
찔레꽃 026
영금정 028
자연 분만 029
고맙소 030
이 가을에 보낸다 031
빈 잔 032

계절병 그 녀석 033
울고 넘는 박달재 034
옹달샘 035
향수 036
시골 아비 038
우수 040
갈대 041
그대 떠난 자리 042
홍매화 043
하느님 만나던 날 044
애인 같은 친구 한 사람 046
착각 047
새벽 강 048
요양병원 049
촛불 인생 050
꽃잎 눈물 051
외출 052
엄마 목화밭 053
태종대의 밤 054
금강정 055
영남류 056

청학정 057
통도사 자장암 058
강화도 보문사 059
문수산 두견화 060
백룡사 061
지게 062
위장이혼 064
짝 065
후회는 언제나 마지막 길에서 066
장미의 일생 068
자목련 069
밀양 사연강 070
단양강 072
어머니! 못다 부른 이름이여 074
태화강 076
노을 077
부처님 오신 날 078
성지곡 수원지 080
망초꽃 사랑 081
여명 082
가을이 오는 길 083

백년 농사 084
입추 085
당신 안부가 궁금합니다 086
소꿉친구 088
고독 089
억새에 부는 바람 090
나 이제 쉬어가리 091
용서 092
코로나 094
봄비 095
자네들 고맙네 096
가족이란 숲 099
새벽 산책길 100
광교 호수 101
그해 여름 정자해변 102
바람과 구름 103
겨울 나그네 104
오는 세월 가는 세월 105
떠나는 자 남는 자 106
계절 같은 인생 107
아직은 청춘이다 108

더 늦기전에 109

절망 110

당신 하늘 당신 달 111

단양 장회나루 112

오월은 아프다 113

첫눈·1 114

꽃 소식 115

도담삼봉 116

원점 117

딸 학부형 되던 날 118

가방의 여정 120

휴식 122

현충일 123

목련의 일생 124

운무 125

해운대 동백섬 126

벚꽃 지는 사월 127

회상 128

내 인생 고속도로 129

고향 폐역 130

매의 눈 132

피는 꽃 지는 꽃 133
본심 134
이런 사랑 어디 없소 135
막걸리와 파전 추억 136
경칩 날 개구리 138
첫눈 · 2 139
고층 아파트 140
10월의 봉선화 141
사랑이 아니어도 좋다 142
풀잎사랑 143
세상이 왜 이래 144
소꿉친구 떠나던 날 145
스타 커피 스토리 146
어미의 기도 147

저 강은
알고 있다

이팝나무

이팝나무에 알알이 매달린
꽃무리
어머니 세월에 하얀 이밥처럼
보였다지요

이팝꽃 피는 오월이면
싸리 문턱에 보릿고개
먼저와 기다렸다지요

냉수 한 그릇 드시고
하늘 한 번 쳐다보실 적
하얗게 핀 꽃
쌀밥처럼 보여서
이밥 나무라 하셨다지요

별이 되어 떠나신 지 수십 년
어머니!
올해도 제 밥그릇에 이밥 꽃이
흐드러지게 피었습니다.

청풍나루

노을이 아름다운 건 하룻길도
최선을 다하기 때문이다
호수 위에 저녁 해가 부서질 때
커피 향이 피어오르는

찻잔에 꽃 물든 그리움이 조금씩
내 마음에 젖어든다
강물이 흘러간 뒤 떠나지 못하는
달빛 그리움인 양 시리다

이 여름 언덕에 초록빛 추억이
차갑게 다가오고 여름 길목에서
진종일 울어 목이 쉰 매미처럼

청풍나루에서 하루쯤 서럽도록
울어 보고 싶은 칠월
청풍나루에서 한 번쯤 목이 메이도록
불러보고 싶은 이름

풀벌레 찌르르 울던 날
너 와 난
불그스름한 노을만 뜯곤 했었지.

진눈깨비

밤새 조용히 찾아온 당신
문이나 두들겨보든가

창틀에 쌓여 밤새 기다리면
내 어이 알 수 있으랴

푸른 새벽 동틀 무렵
슬금슬금 내려앉더니

김 서린 유리창에
당신 눈물 흘러내리는데

온다는 기약 없이
아쉬움 남겨놓고 빗물로 변해

사라져가는 당신을
그저 바라볼 수밖에 없었네.

당신 그리운 적 많았다

세상이 잠든 후
밤새도록 별과 함께 날이 샌다
눈부신 여름이 붓꽃처럼 지던 날
뜨거운 청춘이 방황하며 지던 날

비바람 꽃바람 눈보라 길 지나면서
당신 그리운 적 많았다

캄캄한 어둠 속에서도
초승달은 자라고
밤새 한번 만져보지 못한 사랑
당신 그리운 적 많았다

가을길에 들어선 바람이
너무 쓸쓸해 고독함을 알았을까
겨울 같은 네 곁에서 봄눈처럼
녹는 나
지금도 나는 떠나는 중이다.

엄마

그해 겨울
고추처럼 맵고 춥던 날
이승과 저승의 갈림길에서
당신을 마지막 배웅하는
시간은 너무 짧았습니다

돌아서는 발길이 멈추기 전
눈물은 말라버렸고
당신 잊어버린 슬픔을 알기에
세상은 깜깜했고 철없던 딸

당신을 그렇게 보내고
어머니보다 더 많이 살아온 세월
가슴 미어지는 그리움
눈물로 등불 하나 세워놓고

엄마 보고 싶어!
질펀한 눈물로 그려놓고
쳐다본 하늘 희끄무레한 햇무리에
멍하니 발길 멈춰 섰습니다.

친구

깊어진 가을
떨어지는 낙엽 밟으며

낭만이라며
함께 걷던 친구야

같은 하늘
같은 별과 달을 보면서
서로 다른 길을 걷는 친구야

이 가을!
낙엽 주워 들고 추억이라 했지

혼자 걷는 길
낙엽이 아프다 하네.

무명 꽃

들녘에 홀로 피운 꽃도 꽃이요
한 줄의 시를 쓰는 사람도 시인인데

꽃은 피면 벌 나비도 찾아오고
바람도 지나며 흔들어 주고 가는데

무명 시인의 글은
왜 아무도 알아주지 않는가

한 줄의 시를 쓰기 위해
까만 밤 하얗게 피도록 새운 날들

백날이거나 천일이 지나도
왜 눈에 띄지 않는가

백년화 꽃* 지고 난 후
그때쯤 독자들 눈에 띄려는가

* 백년화 꽃 : 사람을 비유함.

못 이룰 사랑

산촌에 별빛 쏟아지는 밤이면
그대 모습 깊은 그리움으로
응어리져 또렷한 샛별이 된다

새벽별 아스라이 멀어져갈 때
몸과 마음은 뒤틀린 창문 끝에
매달려 샛별같이 애처로운데
못 이룰 사랑에 내 가슴은
이토록 시리다

언제부터인가 내 눈물 파먹는
봄바람에 내 사랑을 물어보기엔
밤새 풀어헤친 가슴이
낙엽처럼 뒤척인다

그 어느 봄에선가 놓친 것 같은
젊은 날의 기억에 아슬아슬
매달린 처절한 사랑이여.

농부와 소낙비

텃밭에 밀보리 씨앗 뿌려 놓고
먼 길 떠난 농부
봄 여름 지나 가을에 추수하려니
소낙비는 왜 그리 쏟아지는지

세 고랑 추수하고
하늘 한 번 처다보니 30년 흘렀네
남은 한 고랑 추수할 적
소낙비야 오지 마라

해어진 무명 적삼 벗어버리고
비단옷 갈아입고 추수하려니
소낙비야 오지 마라

비단 저고리 앞섶 얼룩지면
나 먼 길 떠날 적
행여나 먼저 길 떠난 농부 만나면
물어볼까 두렵다.

* 딸 결혼식장에서.

청령포

푸른 물결 유유히
솔향 따라 올라선 육륙봉
쳐다보니 깎아 세운 절벽이요
발아래 천 길 물길인데

한양 그리워 눈물짓던 그 자리
망향정은 그대로인데
어린 단종 흘린 눈물 동강이 되었나
관음송 울어 울어 서강이 되었네

오백 년 아픈 역사 변함없는 청령포
나루터
노 젓는 사공은 오간데 없구나.

구름처럼 흐르시오

돌아서 가는 스님 뒷모습이
아름다운 건

비우고 다 내려놓으면
저리 고울까

이 몸도 뒷모습 아름답게
보이려면

비우고 내려놓으면 저리 고울까?

찔레꽃

가슴으로 키운 자식들은
화려하고 향기로운 장미가 되어
칠월을 수놓고 있다
장미의 모체로 붙여진
어머니 꽃

산모퉁이 뒷전에서 꽃을 피우고
가끔 햇살에 비친 이슬을 지우러
시린 하늘도 바라보았다

달이 뜨면 달님에게 소식 전하고
별이 뜨면 별님에게 안부 물으며
따가운 칠월의 뙤약볕 아래서
장미꽃 피는 마을 굽어보는
어머니 꽃

서럽고 힘든 삶의 고통을
진한 향기로 풀어내는 한 서린 꽃
계절 이른 혹독한 바람에
고운 명주 옷자락
한 잎 두 잎 조각나 떨어질 때

아물어 가는 상처와 새로 생긴
생채기 보듬으며 칠월의 땡볕도
끌어안고 긴 여름을 보낸다

가끔은 별에도
기대여 흔들리고 싶고
휘영청 달빛 아래 묻혀서
흐드러지게 피고 싶었던 찔레꽃.

영금정

잉크 빛 속초 바다

붓 한 자루 있었으면 좋겠네

화선지 대신 내 가슴에 쓴 글

바다가 그리운 것도

바다가 아름다운 것도

내 인생에 꽃물결 출렁거릴 때였다.

자연 분만

꽃이라 불러주는 이 없어도
외롭지 않았네
아름답지 못해 눈길 한 번 주는 이 없어도
슬프지 않았네

유월의 땡볕 아래 무색으로 태어나
잉태되는 날까지 눈물꽃 피웠네
화려하지 않아 찾아주는
벌 나비 위로에 긴 여름 가는 길에
동행의 벗이 되었지

태양에 짓눌린 끈적한 가시 옷
한 벌 입고 태어나
밤이면 구름이 흐르는 달빛 아래
무장 무장 익어 한가위쯤 산고의 고통을
인내하며 자연 분만으로

세상이란 지구에 발가벗은
알몸으로 떨어지는 날
내 이름 두자 알밤이라 부르지.

고맙소

반세기를 넘어 달려온 인생 후반전
허무란 친구에 기대선 당신의
뒷모습이 허약해 보이던 날

눈부시게 살아온 세월도 한순간
고달프던 세월도 잠시일 뿐
가슴에 묻어두었던 한마디
당신 고맙소!

달도 별도 잠든 휘어진 골목길에
붉은 등이 되어 홀로 그림자
밟으며 평행선을 그려놓은
당신 고맙소!

석양 노을이 내려앉은 기울어진 어깨
향기로운 땀 냄새에 콧등이 시큰 하던 날
당신 고맙소!

이 가을에 보낸다

늘 푸를 것만 같던 우리 사랑
미련 없이 놓아버리기에
영혼이 아플까

허공을 잡고 선 바람기둥에 기대어
흘린 눈물이 강물을 이룬 그곳에서
인연이 지고 있는데

낙엽이 툭 툭 떨어지는 소리
보내기 싫은 당신 붙잡고
잃어버린 세월 채우려는
언 심장 꺼지는 소리

이 가을에!
당신을 미련 없이 보내는
내 눈은 이토록 아리다.

빈 잔

햇빛 비켜 간 자리 드문드문
잔설에 발목 잡히는 2월

꽃 소식도 드문드문 설레며
날아오는 2월

잊혀진 옛사랑의 그리움도
드문드문 떠오르는 2월

인생은 짧다지만 사랑을 채울
빈 잔이 남아있는 2월

꽃 피는 3월이 오면
어쩌란 말이냐 빈 잔을~

계절병 그 녀석

창틈으로 기어들어온 그 녀석
서늘해 만져보니 가을이란다
짧은 옷소매 끌어내리는 그 녀석
누구냐 물었더니 가을이란다

가을아!
너 혼자 오지 말고 사랑이란
그 녀석 좀 데리고 오렴

이 가을엔
초록이 단풍으로 가는 길섶
그 녀석과 함께 낙엽 밟으며
사랑이란 이름으로 붉게
물들이고 싶구나

이 가을엔!
도란도란 이야기할 수 있는
친구와 익어 가는
가을 소리를 듣고 싶구나

이 가을날에~

울고 넘는 박달재

천등산 굽이굽이 한 맺힌 고갯마루
과거 보러 떠난 임 기다리는 금봉이
달과 별을 바라보며 흘린 눈물

꽃이 피면 오시려나 달이 차면 오시려나
기다려도 소식 없는 무정한 임
눈물로 보낸 세월 박달이는 모르리

맹세한 약속은 과거길에 묻어 놓고
못 이룰 사랑 떠나버린 임
허공에 던진 박달이의 애절한 사랑
금봉이는 모르리

두견화 울어울어 붉은 진달래 피었네
박달이와 금봉이 못 이룬 사랑
박달재 넘는 선비 발길따라 봄날은 간다.

옹달샘

봄은 오는가
겨우내 꽁꽁 얼어붙었던
뒤란 옹달샘 얼음 꺼지는 소리
졸졸 물소리 봄이 오는 소리

엄동설한에 빼앗긴 뒤란에
차가운 달빛이 내려앉으니
눈썹에 걸린 이슬도 떨어지더라

옹달샘 물 구르는 소리
깊은 밤 설친 잠 한두 해이던가
주저앉은 세월이 너무 길었나

이마에 살포시 내려앉은
반백의 머리 쓸어 올리는 그 손길
천사의 날개보다 고웁다 하네.

향수

바람도 쉬어가고픈 성황당
고갯마루 바스러진 망초길 따라
아스라이 찾아온 내 고향 영월

반겨줄 부모형제 떠난 자리
쑥부쟁이 넝쿨 위로
허연 낮달만 걸어가네

머무름과 떠남이 있는 세월을
공존하며 허공의 무게를
의족으로 버티고 선 기와지붕

빼앗긴 세월에도 칼날 같은 자존심
한 세월 지키고 있구나
허물어진 토담 사이로 바람이
노닐다 간 장독대 뜰에는

주인 기다리다 나목이 되어버린
살구나무 아래 빈 항아리만 뒹구루고
소녀 시절 꿈이 떠내려가던 여울목,
어머니 빨래터까지 삼켜버린 세월도

나처럼 늙어 가겠지

앞산 진달래 피고 뒷산 뻐꾹새 울 때쯤
가냘픈 어머니 허리에 매달린 보릿고개도
고향 떠나 수십 년 한 번쯤 다녀갔을까?

나처럼 시인이 되어서.

시골 아비

서울 밤하늘은 달도 별도 없는가 보다
반짝 번쩍 저놈 불빛이 내 잠까지
다 잡아 먹고 새벽이 슬며시 다가오니
가로등도 슬쩍 눈 감아버린 서울

높게 올라간 빌딩숲
유년의 한 건축가의 혼과 땀으로
세워진 건물들
바람이 흔들어놓은 빌딩 모습

노안의 눈을 의심해 보기에
세월을 삼켜버린 한참 후였다
시들은 꽃잎에 밤새 내린 이슬
다른 꽃잎에 떨어질까

그렁그렁 눈물샘을 잠근다
남자이기 전에 아비로 걸어온 길
반세기를 훌쩍 넘겨 열어본 삶
지난여름이 날 버리지 않았노라며

여기까지 온 길 돌아보며

나 돌아가리
어머니 자궁 같은 텃밭에
노년 세월의 눈금을 메꾸며
시골 아비 자식 사랑 심으러
나 돌아가리리라.

우수

엄동설한에 얼어붙었던 대한
대동강 물도 풀린다는 우수
간밤 꽃샘바람에 살얼음 잡힌 가슴

백목련처럼 하얀 그리움
경칩이 오면 풀리려나
계절도 풀지 못한 기다림

바람이 밟고 지나간 열두 고개
넘고도 두 모퉁이 더 돌아
싸리골

춘삼이 풀어헤친 가슴 뜰에
연분홍 복사꽃 만개하겠지
사월이 오면.

갈대

바람 불면 부는 데로 흔들려라

안 흔들린 친구보다
흔들리는 친구가 더 아름다웠다

비가 오면 오는 데로 흠뻑 젖어라

안 젖은 친구보다
비에 젖은 친구가 더 아름다웠다

바람에 흔들리고

비에 젖어 아름답게 보이려니
바람도 비도 다 멈추었구나.

그대 떠난 자리

하얀 순정을 풀어헤친 북한강
하구에 잔설이 드문드문 널려있는
굽은 강허리
채 보내지 못한 긴 그리움

그해 겨울 가슴 밟고 지나간
추억도 우정이고 사랑이라 했지
젊음과 낭만이 넘치던 강촌역

코로나 강풍에 짧은 겨울
햇빛마저 등 돌리고 울던 물새들
노랫소리도 멎은 듯하여라

강촌에 살고 싶다는 유행가 노래가
무색하듯
삭막한 강 언덕 침묵으로 반기고

강 건너 바스러진 갈숲 사이로
노을빛 내려앉으니
북한강은 강촌을 버리고
묵묵히 한강으로 향하고 있었다.

홍매화

창공에 한 몸 던진
붉은 청춘

너의 고운 자태에
놀란 하늘 파랗게 멍들었다

언 가슴에 품은 그리움
그대의 진정 짧은 만남

긴 여운을 사랑할 수 있다면
내 가슴에 작은 불씨라도

그대를 위해 태우고 싶다.

하느님 만나던 날

하느님 앞에 서기까지
나의 신앙생활은 무종교나 다를 바 없어서
신앙에 대한 관심은 희박했다
성당 정문에 부처님 오신 날 축…
플래카드가?

성당은 하느님이고 불교는 부처님인데
가는 길은 달라도 서로 존중하는
성당에 선입견이 무너질 무렵
울산 월평 성당 지날 때

어머니가 피 흘리는 아기를 안고 있는(동상)
처연한 그 모습에 감동되어 성당에 들어가
6개월간 교리 공부 마친 후 받은 세례명은
수녀님이 주신 그라치아!

나의 신앙생활에 첫발을 내디딜 때쯤
암이란 친구가 찾아와 입원과 수술 후
장기가 두 개나 잘려나간 것 알았다

암 병동 정원에서 바라본
성당 십자가! 하느님 감사합니다

마지막 귀로에서 하느님 찾는다 했나?
하염없이 흐르는 눈물!
이런 난 그 길에 서있단 말인가?

하느님!
지금 제가 흘리는 눈물은
육신의 상처나 마음의 상처가
아파서 아닙니다

제가 치러야 할 병마와 싸움이
두려워서 아닙니다

세상을 두 눈으로 볼 수 있고
두 귀로 들을 수 있고
건강한 두 다리와 두 팔로

이 세상 살아가는데
불편함 없도록 은총을
주신 감사의 눈물입니다.

애인 같은 친구 한 사람

눈 내리는 날
창가에 앉아 순백의 하얀 눈

한 잔의 커피잔에

아이스크림처럼 소복 쌓일 때

우정에 감사하며

두런두런 이야기할 수 있는

그런 친구 한 사람

있었으면 좋겠네 오늘 같은 날.

착각

삼라만상이

잠든 것이 아니라

잠든 것은 나의 존재다

밤하늘에 떠 있는 달

외로워 보이는 건

달이 아니고

내가 외로운 것이다.

새벽 강

바람이 어슬렁거리는
강가 벤치에 내리는 봄비
가슴 덮은 우산 위로 떨어지는
하늘 눈물이 강을 깨운다

물안개 껴안고 흐르는 강물에
눈물을 보태고
3월의 싱그러운 새벽바람
서성거리고

굽어진
강 허리에 하얗게 부서진 그리움
어느 한순간 떨리는 청춘을
허공에 날려 보냈지

기다린 세월에 눈물 젖은
새벽 강.

요양병원

감나무에 덜 익은 생감이 떨어지는
소리에 주변 나무들 심하게 흔들렸다

절반쯤 익은 감 놀라서 나뭇가지
대롱대롱 매달리다 툭 떨어졌다
이번에는 나무들 조금 흔들렸다

비바람에도 떨어지지 않은 감
잘 익어
늦가을 홍시가 되어도 따가는
사람이 없었다

주름 골에 하얗게 서리 내린 곶감
먼 하늘만 바라보고 있는데
창공을 날아가는 새는 뒤돌아보지
않더라고

세월이
나를 버렸다고 바람이 전했다.

촛불 인생

—요양병원에서

바람 앞에 촛불 같은
너의 모습이 내 인생인 걸 몰랐네
새털 같은 구름이라도 일면
실바람 동행할까 두렵구나

흐르는 눈물을 훔치고
눈썹에 걸린 달을 털어낼 때
허리쯤 타내려 간 영혼과 육신에
오열을 토한다

무릎까지 흘러내리는
눈물을 잡노라 한 자루 초가
타버리는 세월이 백 년이라 했나

촛농이 흘러
발목 잡힐 때까지 꺼지지 않는
촛불이 너이길 바라며
나 또한 바람 앞에 촛불이거늘.

꽃잎 눈물

삶의 무게에 등이 휘었나

바람도 껴안고

이슬도 사랑하면서 견디어 온 삶

오월이 건져올린 찔래꽃 향기에

싱그러운 바람도 꽃잎에 눕더라

오고 가는 계절의 길목에

순백의 눈물로 먼 길 열어가는

나그네 발길 멈추게 하네.

외출

아파트 철조망 틈
샛길로 탈출 하는 장미

널 보며
추억에 잠시 잠기노라

우리집 울타리
멍멍이가 다니는 틈 샛길

소녀 시절

나의 외출 지름길
엄마는 진종일 대문만 지키셨다.

엄마 목화밭

목화솜 이불 원앙금침 시집 보내마
뙤약볕 아래 목화밭 매시던 우리 엄마!
목화송이 같은 눈 내 뜨락에 매년 내리는데
강산이 수십 년 다녀가도 못 오시는 우리 엄마!

저 먼 하늘가 어디쯤 계신가요
가을 들녘 지키는 허수아비 같은 삶을 보며
엄마의 일생 같은 그 삶에 눈물을 바치던 날

원앙금침 시집보낸다던
약속 묻어 놓고 떠나신 지 반세기 넘어
머리에 한 올 두 올 하얀 새순 돋아 나는 딸
아직 여물지 못한 길을 걷는 예순 고개 넘은,
엄마 찾는 딸!

이승과 저승의 하늘 아래 목화꽃 피는 날
엄마! 부르며 달려가는 딸 내 이름 잊지마
엄마! 보고싶어! 사랑해!

태종대의 밤

오륙도 가물가물 흔들리는 불빛
등대는 서서 졸고 있는데
기약 없는 사람 기다리는
선창가 여인의 눈빛이 섧다
문패도 번지도 없는 포장마차
사랑에 취한 푸른 청춘이
부딪치는 술잔에 달이 잠길 때
태종대 밤은 깊어만 간다.

금강정

만개한 꽃잎만 떨어지는 줄
알았는데 바람 부니 못다 핀
꽃잎도 떨어 지더라
금강정!

봉래산 눈물 감추려 별 헤다
천문대가 되었나?

피눈물 흘린 부모 형제
삼각산 허리 딛고 선 자작나무
하얗게 백골 되었나
금강정!

꽃잎 지던 날
동쪽 서쪽 하늘이 흘린 눈물
청령포에서 만났네

물길 휘돌아 감은 한반도 지형
비 내리는 동강
낙화의 눈물인가.

영남류

강 허리 휘어잡은 영남류
아랑 꽃 낙화 질 때 흘린 눈물
천년 세월 무색하여라

아랑 각 굽어보는 초승달
밀양강에 잠기었네

달빛 휘어잡은 영남루
천 길 물속으로 떨어진
아랑이 원한의 눈물
밀양강 넘치고

천년 세월 무심하여라
밀양강은 말이 없네.

청학정

하늘에 구름을 머리에 덮고
동해의 푸른 바다를 품고

넘실거리는 파도와
기암괴석과 해안 절벽에
자리한 청학정

난간 위 마음 한자락 깔고
한 뼘도 안 되는 가슴에

태평양 같은 동쪽 바다를
품으니 이 시간 어찌

신선이 부러우랴.

통도사 자장암

108 천국 계단 백팔번뇌 내려놓고
돌아본 산천 월광을 풀어놓은 듯
10월 산사 가을은 깊어가고
나그네 발 길잡는 불경(佛經) 소리

바람이 읊는 독경 부처님 전에
어둠을 베어 넘기며 기도하는 보살님
등 뒤로 허공에 매어 달린 싸늘한
달빛만 흔들리네

동여맨 상처가 맵기만 하던 숱한 날들
축축이 젖은 가슴에 묻어둔 긴 고독
한움큼 꺼내어 산처럼 앉아있을 적
교교한 달빛은 자장암을 훔치고 있었다

고뇌를 인내한 유년의 심신
황폐해진 영혼을 영축산 기슭에서
참 나를 찾는 참선의 길인가.

강화도 보문사

빨간 불 노란 불 파란 불
보문사에 불이 붙었다

전국에서 날려온 낙엽들이 저마다
소원지에 불을 지펴놓았다

자식 불 건강 불 재산 불 부부 불
이별 불을 지핀 낙엽은 없었다

낙가산 바람이 질펀하게 깔린
낙엽을 싸리 빗자루 싹싹 쓸어내린

대웅전 마당
가진 자와 없는 자 높은 자와 낮은 자

부처님 앞 대웅전에 타는 불
색깔 없는 하얀 불 부처님 마음인가.

문수산 두견화

그해 4월 문수산 진달래꽃
유난히 붉게 피었지
큰 골 저수지 길 배꽃
눈이 부시도록 하얗게 하얗게,

산 벚꽃이 구름처럼 둥둥 떠 있는
산으로 숨어버린 진달래
서른 번째 봄을 맞이하여도
문수산 진달래 소식 듣지 못하네

언양 작천정 벚꽃길
눈물처럼 흘러내리는 꽃물결에
서럽도록 울어는 보셨는지요

비바람에 견딘 휘어진 봄날에
목을 내놓은 개나리꽃을 보셨는지요
진달래꽃 연분홍 유서를 남긴
잔인한 사월

서럽도록 부르며 보내지 못했던
문수산 두견화!

백룡사

도봉산 아래 백룡사 법당 앞
자유로운 영혼이 피었다

화려하게 피운 생 보다 아쉬운 듯
모자란 듯 소신껏 피운 들국화
네가 나를 닮은 듯하여라

어느 한때 젊은 날 넘치는 것보다
부족하면 채우며 사노라는
잣대로 눈금을 재던 시절

부질없는 논리로 화려한 꽃은
못 피웠지만
도봉산 기슭에 들국화 너처럼
향기만은 보전하려네

늦가을 햇빛이 내 영혼을 훔치고
도봉산 가을은 깊어가고
나도 따라 저물어간다.

지게

먼 길 갈 적 넘어질까
한 짐 가득 실어놓고 떠난 당신!
등에 진 짐 때문에 앞으로 넘어진 적 없고
돌부리 차여 뒹굴때도
다시 일어설 수 있었습니다

세월의 강을 건너면서
짐은 한 뭉치씩 내려졌고 빈 지게에
당신의 그리움만 남았습니다

눈흘김 한번 없이 이별한 당신
석양이 깔리는 노을 진 언덕에서
당신이 떠난 길 그리 멀지 않음을,

인고에 빼앗긴 지게도
언제부터인가 삐걱 거립니다
외로움과 고독이란 짐이 쌓이기 전에
당신 곁으로 가야 할 것 같습니다

꾹꾹 눌러 담은 가슴으로
남모르게 눈물을 찍어내기까지

침묵 같은 세월 살았노라면
당신을 꼭 만나야 합니다.

위장이혼

여보 우리 잘 했지
뭐가?

아파트가 두 채잖아
모다 두 배잖아 ㅎㅎ

진즉할 걸

너무 좋아하지마!

큰집에서 연락 오면
난 가야 해!

짝

내 운명을 담고 있던

고무신 한 짝 잃어버렸네

신발가게 앞 잃어버린

고무신 한 짝 보이지 않네

신발 없이 걸어온 길

신발 없이 가야 할 길

꽃길이면 좋겠네.

후회는 언제나 마지막 길에서

무언으로 반겨주는
허연 낮달에게 길을 물었다
땅거미 깔리고 솔향기가
한움큼 행복을 채워주는
칠보산 자연휴양림

허허로운 영혼을 눕히고
금강송 숲 노천카페
테이블에 내려앉은 달빛
나그네 가슴에 고독을 굽는다

세월 베고 누운 추억은
소나무 사이로 쏟아지는 별을 헤며
사랑을 묶어놓을
인연 줄 하나도 용납하지 못한
이 모진 마음을

미련의 강폭이 넓혀진
후에야 애절함 깃든 사랑을
세상 밖으로 내몰아쳤을까

내 인생 저편에
깊게 묻혀버린 그때 그 사랑
홀로 핀 꽃으로 남은 사랑
지금은 어느 들판에서
어떤 사랑으로 익어가고 있을까.

장미의 일생

아름다운 이름 때문에
가시를 품었나
벌 나비 찾아들까 향기마저 삼켜버리고
유월의 태양 아래 붉은 눈물
뚝뚝 떨어지는 꽃잎 속에 세월은 가고

짧은 여름이 지나는 길목에
걸어두고 싶은 오월의 못다 핀 장미
바람이 서럽게 흘리는 눈물길 사이로
꽃 한 송이 설움과 꽃잎 하나의 그리움

달 뜨고 별이 떨어지는 밤
꽃잎에 내린 이슬 가녀린 여인의
눈물이라 짓고 싶다

삭은 꽃잎에 장미의
일생이 가고 있음을 시린 달빛이
굽어보고 툭 툭 떨어지는 붉은 꽃잎
밟고 지나가는 무심한 세월이 있었다.

자목련

숱한 만남과 이별의 길목에
비바람 삭인 걸음으로 보내는 사월

숨결마저 곱던 수줍은
여인의 등 뒤에 비명 삼킨 자목련 통곡
그 계절의 첫마디

사랑한단 말 한마디 못하고
먼 산 그리움 보듯 바라보다
한 세월 삼켜버린 붉은 청춘

뒤돌아 보는 눈이 안개로
젖는 시간
꽃 진 자리 시리게 피던 사랑
사월이 자목련 지키고 있다.

밀양 사연강

——숲속 요양원에서

꽃샘바람도 시샘한다는 3월
내 눈에 물안개 피던 날
휴양이란 명분으로
내 삶에 전부가 되어 줄 사연강

고독한 침묵의 시간들
강 둔치에 운명을 걸어 놓은 듯
장대같이 쏟아지는 눈물도
천둥 같은 울음을
사연 있는 너에게 토해내던 시간들

너와 처음 만날 때 실버들 가지에
파란 혈관이 툭툭 터지는 소리에도
울컥 울컥하였지
남보다 조금 일찍 떨어지는
버들잎이 강물에 떠내려 갈 때
나는 버들잎이 되지 않겠다며 시선이
멈추던 순간들

너와 함께한 시간들이
이제 날 놓아 주려나보다

이마 짚고 지나간 바람이 돌아오는 날
우리의 이별은 예고돼 있었나 보다
너와 함께한 시간들이
날 놓아주려나 보다
사연강 잘 있거라.

단양강

새벽이 걸어 나온 강 둔치
무서리 내린 빈 의자
그리움 깔고 앉아 동트는 하늘에
추억 한움큼 풀어놓았다

초겨울 바람이 연밥처럼
숭숭 구멍난 가슴 가로 세로
난도질할 때 연례행사처럼 치르는
훌쩍 떠난 여행

기다리는 사람 없고
반겨 주는 이 없어도 도담삼봉이
기다리고 옥순봉이 반겨주니
텅 빈 듯 소박한 어머니 고향

유년 시절 채 못 보낸 길목
가슴 울컥 강물도 출렁인다
무남독녀 삼대 외동딸
그 이름 버거워

이정표 없는 숱한 거리를 지나

세월의 묵인 아래 단양강 언덕에서
그 계절 꽃들과 어울려 피었지

강물에 잠긴 산 그림자
간간이 지나는 바람에 얼비치는 모습
산이 모르게 물이 모르게

새벽이슬에 젖은 단양강
동트는 새벽에 젖은 공허함
네가 나를 보는 듯
내가 너를 보는 듯하여라.

어머니! 못다 부른 이름이여

세월이 한참 비켜간 지금도
목메이도록 부르는 어머니!
그 아름답고 고귀한 그 이름을
왜그리 인색하게 아꼈을까?

세월이 가난한 시절이라
마음도 가난해서일까?
모든 여건이 허락될 때까지
기다려 주실거라는 철없는
나이 때문이었을까?

필요한 때만 부르던 그 이름
마당에 멍석 깔고 화롯불에
구워주신 간고등어 그처럼
맛있었던 건 어머니 사랑과
함께 구워졌다는 걸 알았을 때
어머니는 제 곁을 떠나신 한참 후였네

이맘때쯤이면 텃밭에 상추 쑥갓 열무 뚝뚝 잘라
고춧가루 깨 소금 듬성듬성 버무린
어머니 손맛 밥상으로

오늘 점심은 저와 함께 해요
어머니!

골안 큰 대문 집은 사라졌어도
빈터에 쑥쑥 자라는
미나리 달래 부추 만찬으로
오늘 저녁은 제가 준비할 테니
저와 함께 해요
어머니!

허물어진 빈터에 어머니
그리움만 심어놓고
예순 넘은 엄마 찾는 딸
고향 하늘 가
희~멀건 낮달만 멍하니
쳐다보며 발길 돌렸습니다
어머니!

오늘따라 더욱 그립습니다
어머니!

* 어버이날에.

태화강

해는 밤마다 숨어버리고 문수산은
어둠을 내려보내며
하얀 서리 내린 길 밟으며
태화강으로 걸어 내려오는구나

십 리 대밭 태화강을 따라가 보라
상류에 선바위 놈이 개선장군처럼
우뚝 버티고 서 있으니
실핏줄 같은 개울물이 모여 우글거린다

강변에 서성거리던 갈대숲
어둑한 문수산을 바라보며 저무는
태화강을 따라가 보라

검은 치마폭 같은 문수산 자락에
몇몇 등산객들이 어둠 속으로 사라지면
태화강 불빛이 살아난다.

노을

노을이 아름다운 건
마지막 길에서

최선을 다하기 때문이다

나도 그대처럼 곱게 물들려면
남은 생 최선을 다 할 일이다

서산 넘을 때 그대처럼
곱게 물들면

나처럼 그리움 삭이는
한 사람 있을까.

부처님 오신 날

4월 초파일 햇살마저 자비로운 날
부처님 오신 날
브레이크 없이 숨 가쁘게 달려온 세월
온몸으로 살아온 뒤안길은
결코 짧은 길은 아니었다

절에 간다며 부산을 떨던 친구
지금쯤 통도사 대웅전 마루에
이마를 꽂아놓고 넙죽넙죽 절하고
있을 친구를 생각하며
신앙의 힘은 위대하다고 본다

나 같은 사람은 신앙의 힘이 약한 탓인가
성지순례 시 부처님 앞이나
십자가 앞에서 가벼운 묵념이
내 신앙의 힘 전부라 말하고 싶다

어느 한때
넙죽넙죽 절한 것이 한두번이겠나
절 종각 세우고 종에 가족들 이름으로
치장한 종이 안착되던 날

내가 부처가 된 것 같은 날도 있었다
오늘은 사월 초파일 40년 전
그 절이 궁금하다
대 종은 부처님 옆에서 그렇게 40년
울렸을 것이다

몇백 년이 가고
수 천년이 흘러도 종교의 역사에
남은 흔적들 가슴으로 기억되는 날
추억 한 페이지로 부처님 오신 날
신앙의 힘은 위대한 거라며.

성지곡 수원지

편백나무 도열해 있는
공원 벤치에 바람도 쉬어가고
세월도 쉬어간다

물푸레나무에 홀로 앉은
물새 한 마리
그 누가 새 가슴 한 귀퉁이에
대못을 박아 놓고 미련 없이
떠난 사랑

아픔의 진실이 주는 비애를
알 턱이 없는 물새 한 마리
그대 슬픈 그림자 붙들고

촉촉이 내리는 봄비 맞으며
다시는 아니 와도 좋을 사람
다시는 아니 만나도 좋을 사람.

망초꽃 사랑

천일염 같은 망초꽃
고운 시어로 곱게 버무려
맛깔나게 잘 숙성된
한 줄의 시가 완성되는 날

진수성찬 시 밥상을 차려 놓으려네
문지방 넘나들며
채워가던 유월도 마지막 길목
시리도록 푸른 그곳에서

늘 영원할 것 같은
계절의 인연이 지기 전에
쑥날 든 시 밥상을 차려 놓으려네

오월 하늘보다 더 푸른
가슴에 한 줄의 시를 지으려
화선지 위에 세워진 붓 한 자루.

여명

하늘에 꽃이 핀다
그 꽃을 마중 나온 청풍호에
꽃물이 든다

비봉산 칼바위 부여잡고
천혜의 미묘한 비경에 머물던

구름의 손에 잡힌 청풍호 물지도

자연이 인간에게 선물한 것인가
비봉산 정수리에 잠시 쉬어가는

구름이 되어보려네.

가을이 오는 길

긴 여름내 끈적하던 바람은
꼬리를 감추고

간밤 창틈 사이에 머물고 간
서늘한 바람은
빈 가슴을 흔들어 놓고

새벽달 기우도록 잠 못 이룬
공허한 가슴에

초가을 바람이 이토록
가슴을 헐게 할 줄 몰랐다.

백년 농사

밀물이 들어올 때 반가웠다면
썰물이 빠질 때 섭하게 생각 말자
나무는 바람에 흔들릴 때 아름답지만
부모는 자식한태 흔들릴 때 초라하다

세월이 무심히 지나가더라도
그러려니 하고 섭섭하게 생각 말자
세월인즉 평생 봄날만 있겠는가

비 오고 눈 오는 겨울도 있겠지
계절에 순응하려니 힘들 때는
잠시거니 하고 섭섭하게 생각 말자

농부가 정성들여 지은 일 년
농사도 잘 여문 곡식 중에 간혹
쭉정이 곡식도 있기 마련인데

백 년 농사 백 년 세월에
한두 해 흉년 든다고 못 살겠나
몸만 성하면 산다.

입추

일 년 이십사 계절
절반을 싹둑 잘라먹고 마지막
길모퉁이에 서성이던 대서를
밀어내고 성큼 들어선 입추

한풀 꺾인 더위
길섶 강아지풀들이 꼬리를 흔들고
철 이른 고추잠자리 덜 익은 붉은 날개
바지랑대 걸어 놓았네

산 넘어 강마을 갈 숲에서
기다리는 처서가 넘어오는 날
순화하는 계절에 자연도 속절없고
세월 앞에 인생도 속절없듯이

때가 되면 오고 잡아도 가는 세월
먼 하늘만 바라보는 솟대 같은 인생
오늘 하루도
허공에서 또 하루를 살아낸다.

당신 안부가 궁금합니다

하늘 문이 열리는 날
당신을 만날 수 있으리란 신념으로
하루를 시작하고 하루를 접습니다
어머니!

산에 올라서서 묻습니다
저 하늘 어디쯤 가고 계시나요
바다에 가서 묻습니다
수평선 너머 저 먼 곳에 계시나요
그곳에선 혼자가 아니라고 해주세요
외롭고 슬프지도 않으시다고 해주세요
어머니!

하늘에서 목화송이 같은 함박눈이
내리던 날
무명옷에 하얀 고무신 신고 떠나신 엄마
그곳에선 가볍고 따뜻한 롱코트에
털 신발 신고 계신다고 말씀해 주세요
어머니!

하늘 문이 열리는 날

당신을 만나기 위해 새벽을 열고
하루해를 돌려보내고 저녁을 닫습니다
어머니!
당신을 만나는 날까지!

소꿉친구

친구야 여기 눈이 오는구나
고향에도 눈이 내리니?
사금파리 주워 소꿉놀이하던 친구
너와 나의 고향 주인 잃어버린
빈 집터에도 눈이 내리겠지

어릴 적 헤어진 친구
중년 되어 만나던 날 동심으로 돌아가
그해 여름밤 동강 물에 발 담그고
물새 우는 강 언덕 고향의 봄을
목이 메이도록 노래 불렀지

새벽 이슬에 흠뻑 젖도록 놀던
동강에도 눈이 내리니?
고향 떠난 아들딸 돌아오는 날

침묵으로 반겨주는 어머니 같은
영월역에도 눈이 내리니?
친구야 세월의 두께만큼 우리 우정도
내리는 눈 두께만큼 쌓이는구나.

고독

천년을 살 것처럼 살았나
백 년도 못 살 인생

홀로 가는 이길에 동행의
승선은 바라지 않더라도

쓰지 못한 마음 하나
던지고 갈 곳도 없더라.

억새에 부는 바람

영혼과 육신을 텃밭에
묻어 놓고 무서리 내리는 겨울에도
묵묵히 지켜온 30년 세월
나목처럼 살고 있는 한 여인

절반의 인생으로 텃밭 지키는
그대는 가족은 있는가
사랑은 알고 있는가

찰나!
몹쓸 친구가 여인에게 다가와
좀 쉬어가라 하네
새로운 세상 구경하라는 뜻으로
자신을 위로하며
자연 앞에 내려놓으라 하네

하늘을 지붕처럼 산을 병풍처럼
자연 속에서 그 여인의 인생은
낙엽 아래 누워서 우는 풀잎이 되었네.

나 이제 쉬어가리

젊은 날의 추억 날려 보내던 날
밀려오는 공허함

일생 쌓은 제방 뚝 무너지면
내 삶 모양의 길
겹겹 세월 속에 묻혀버릴까

상념 떨치기 위해 눈 밑에 깔린 잠
밀어낸 그 시절 그립네

홀로 흔들리는 가슴 세월 따라
다져지는 발자국 소리 매달고

내 뜰에 꿈 키운 민들레 꽃씨들
바람 따라 날아간 푸른 초원에
꽃 피고 산새 지저귀니

나 이제 쉬어가리
나 이제 쉬어가리라.

용서

일생에 단 한 사람 용서하는데
삼십 년이 걸렸네
용서의 시간 일 분을 위하여
개미처럼 올빼미처럼 살았다

긴 여름 잡초를 메던 세월도
구름에 달 가듯 가고 뜨락에 가꾼
유실수 열매 알알이 영글어 갈 때
내 정원에 가을이 온 걸 알았네

30년 동안 품었던 칼을 내려 놓으려네
유월의 풀 향기 향긋하게 풍겨오는
굽이굽이 고개 넘어 삼백 리 길

찾아간 별 그리다 공원
한생을 마감하고 천국 아닌
천국 같은 세상에서 별만 그리는
당신을 이제 용서합니다

고이 잠든 주인집 문패에—
아름다운 아내의 남편!

사랑하는 네 딸의 아빠!
편안히 잠드소서 편안히 잠드소서.

코로나

압력밥솥* 이름 달고 태어나
부글부글 속 끓이며 살았다

온갖 오물 집어넣고 죽이고 묻고
태우고 경고 표시도 무시한 횡포

일 년 365일

펑!

중국산 밥솥 터졌다
국산도 펑, 일산도 펑

지구촌 곳곳 펑펑
매일 밥솥 터지는 소리

확 덮어버린 오물 그 이름
코로나 바이러스.

* 압력밥솥 : 지구를 비유함.

봄비

보슬보슬 내리는 봄비

대지를 적시지만

가슴에 내리는 봄비는

영혼을 적신다

비 내리는 섬진강

하동포구에 내리던 봄비

이 봄에는 어느 포구에서

누구의 영혼을 적시며 내릴까?

자네들 고맙네

한없이 넓은 공간에서 우리는 만났다
큰 인연 속에 천륜으로 하나 되어
여기까지 참 잘 왔구나
올곧게 자라는 편백나무처럼 자랐고
사람 냄새나는 삶을 살아가는 자네들이
내 자식이라서 행복하고 고맙네

자네 아버지 세상 떠나신 후 중학생에서
대학 졸업까지 10여 년 동안 힘든 시간
고생한 자네들 하루에도 몇 번씩 생각날 때
이 어미 가슴 무너지네

잘 견디어 주고
건강하고 예쁘게 잘 자라줘서 고맙네
등록금 외 용돈 한 번 넉넉히 못 주고
사춘기 학창 시절 옷 한 번 제대로 못 사 입힌
융통성 없고 고지식한 어미를 용서하게나
나이 들수록 더 많이 아프고 더 크게 미안하네

세 사람 등록금 날짜는 왜 그리 빨리 다가오는지
막내야 미안하구나 언니들 순번에 따라

번번이 늦어진 등록금 미안하다
투정 한번 없이 기다려 준 막내
고맙다 사랑한다
그래도 그때가 이 엄마는 행복했다

최선을 다했지만 다 못한 소임을 용서하거라
흙수저로 태어나서 역경 잘 이겨내고
사회 구성원으로 자리매김한 자네들 장하네
금수저보다 삶의 질은 차이가 있겠지만
행복은 내 마음에 있는 것이네
건강한 육체와 건강한 정신으로 삶을 살아가는
자네들 고맙고 감사하네

잠시 돌아보려네 기쁘고 슬프던 순간들!
졸업 작품 전시 우수한 성적으로 졸업 전
취직되어 어미에게 효도한 딸!
졸업식보다 면접이 우선순위던
흙수저의 비애,

주인공 없는 졸업식에서 상을 3개나 받은 딸!
총장님 격려사, 대·내외 적으로 학교를 빛낸

딸 이름이 호명될 때 어미는 상패와 상장을
가슴에 안고 핏줄 하나 없는 싸늘한 서울 하늘
아래서 장하다며 눈물을 찍어냈지 효도한 딸들!
졸업식 끝날 시간 면접 보고 오는 주인공

어린 자네들 뒤로하고 돌아설 때
울산으로 내려오는 고속도로에는
소낙비가 하염없이 내렸지 젖은 저고리 앞섶
매만지면서 지난 세월처럼 또 하루를 시작하네
장한 딸들 사랑한다 사랑한다 엄마가.

* 2002년 2월 대학 졸업식 날.

가족이란 숲

—가족여행

떠나려는 숲 돌아오는 숲
가정의 숲 효도의 숲
만남의 숲 이별의 숲
그 숲을 이룬 김포 공항 대합실
명분 있는 숲들이 모였다

제주도 50년 소나무
경기도 45년 소나무
경기도 47년 소나무
서울 42년 소나무
갈매 초 7 년 소나무
갈매 유 5 년 소나무

그 숲속에 노송 한 그루
굽은 등 하나로 이룬 숲
건강하고 아름답게 잘 자라 준
소나무 숲
서귀포 삼방산 아래 50년 소나무
숲속에서 하루의 여정을 푼다.

새벽 산책길

밤새 내린 이슬 머금은 꽃
소슬바람에 서로 부대끼며

상처 난 것은 상처 난 대로
모난 것은 모난 대로 어루만지니

짧은 여름조차 눈부시게
아름다운 것은

네가 품은 이슬 때문인가 하여라.

광교 호수

어둑하도록 햇빛 긁어낸 4월의 긴 해가
석양이 운하 속으로 풍덩 몸을 던지면
주인이었던 호수도 오색 찬란한 불빛에
이름을 잊어버리고 황홀한 미학으로
자리매김한 광교 호수

밤이면 물여울에 잉태되어 융단 같은
물결에 하루치의 사랑을 풀어헤치고
영혼을 뚫고 몰려오는 물고기 떼
꺾어버린 하루의 유혹을 넘어 날빛
휘도록 만져본 수원의 명소

아슴푸레한 수초 사이로 숨겨놓은
양심에 구렁을 내고 곱지 못한 시선이
아픔을 건널 때 범람하는 강물처럼
물길 가르며 떠나는 물고기 등 뒤로
불빛 출렁이는 광교 호수.

그해 여름 정자해변

갈매기도 쉬어가려나
어둠이 오기 전 나뭇가지에
쏙쏙 꽂히고 파도도 쉬어가려나
모래사장에 입술 적신 하얀 포말
몽돌 쓰다듬는 소리 차르르 차르르,

가슴 울컥 옛 추억이 바다를
가르는 소리 달빛처럼 흔들린다
밤 하늘 별을 헤며 무딘 사랑을
추억이고 우정이라 했지

푸른 새벽을 걸어 나온 등대
눈을 감아 버린 정자해변
무장 무장 익어 버릴 것 없는
내일을 흔들고 돌아선 너와 나

같은 하늘 아래 같은 별을 보며
서로 다른 길을 걷는 친구야
세월이 바람처럼 다녀갔구나.

바람과 구름

태양을 토해내던 지난 여름밤은
물안개 타고 온 하얀 밤이라
당신의 그리움도 잠시 머물렀나

어느새 가을은 내 곁을
떠날 준비를 하고 밤새 울어주던
귀뚜라미 울음소리도 멈추었나 싶네

창밖에 나뭇잎 떨어지는 소리에
당신을 향한 그리움만 쌓이고
바람 없어 못 가는 구름 되었나
가버린 세월 끝자락에
추억만 밀려오는데

닫아버린 창문을 두드리고
지나가는 바람이라도 일거든
저고리 앞섶 풀어
하얀 가슴을 내어주렴

바람 없어 멈추어진 구름 되어버린 너
바람아 바람아 함께 가면 안 되겠니?

겨울 나그네

산은 텅 비고 어둠은 산자락
집어삼키고

싸늘한 별빛만 교교히 흐르는 밤
푸른 달빛은 창틈 사이로 스며들고

세월에 묻고 산 그리움 실종된
가슴 휑하니 바람만 찾아들고
고요하다 못해 적막감 휘감기는 밤

겨울 산바람이 여린 두 뺨을 할퀴고
떨어진 낙엽들 몸부림에 바람도
시샘하였나

북풍이 불어오고 앙상한 나뭇가지
휭 휭 울음소리에
겨울 나그네 빈 가슴에 내리는
무서리만 야속하구나.

오는 세월 가는 세월

봄에 피는 꽃이 아름다워

즐겨 보았노라면

가을에 지는 꽃도 숙연히

지켜볼 줄 알아야 한다

사계절에 희로애락을

즐겼다면

사연에 감사함도

잊지 말아야 한다.

떠나는 자 남는 자

가을비 내린 성지곡 수원지
떨어진 낙엽들 발길 잡고
벌거벗은 나무들 다시 올 봄을
기약하면서 입은 옷 훌훌
벗어놓고 떠나는 자

미련 남은 아기단풍
남은 생 아름답게 누리며
떠날 준비하는 자

푸른 청춘 끌어안고
한겨울에 꽃피우는 동백
살아남는 자

오고 가는 사계절 유혹에도
변함없는 성지곡 수원지.

계절 같은 인생

계절도 망각하고 있었나
우북 자란 쑥 앞에 발길이
멈춰지네

난 천천히 가고 싶은데
세월은 너무 빨리 오고 간다

너희들 자라나는 만큼
내 인생은 잘려 나갔겠지

잘라 버린 인생 한움큼
움켜쥐고 하늘 한 번 쳐다보니
아, 가버린 청춘이었네.

아직은 청춘이다

산마루에 노을처럼 아름다운
육칠십 대 마음은 청춘이다
언니라고 불러주면 둥 둥 울리는
가슴인지라

샴페인 한 잔에 취해 휘청이는
몸이지만 부드러운 오빠를 보면
가슴에 꽃바람이 부는 나이
할머니라 부르지 마라
아직은 청춘이다

서산을 달려온 태양처럼
아름다운 육칠십 대
할미꽃도 장미로 보이는 나이
오빠라 부르면 가슴이 쿵쿵 뛴다

오월의 아카시아꽃 향기
물씬 풍기는 핸섬한 오빠이고 싶다
할아버지라 부르지 마라
아직은 청춘이다.

더 늦기전에

꽃을 보면 마음이 흔들리는건
아직도 사랑할 수 있는 뜨거운 가슴이
있기 때문이다

가을이면 가슴 앓이를 하는 것은
떠난 사랑에 미련이 남아
있기 때문이다

싸늘한 별빛 아래 눈물을 흘렸다면
기억 한편에 놓아두었던 사랑을
잃어버렸기 때문이다

꽃이 핀다고 하여 아름다운
봄날만은 아니다

이 가을에
더 늦기전에
지는 석양보다 더 붉은 가슴으로
사시나무처럼 흔들려 보려네.

절망(絶望)

——재활원에서

사랑한단 말도 보고 싶단 말도
허락되지 않은 공간 속에 서
사라져 가는 시간들

세상과 단절된 이 순간
사랑한단 말도 못 한단 말인가
보고 싶단 말도 할 수 없단 말인가

예측 불허한 나의 운명
아픔의 고통은 참을 수 있어도
그리움의 고통은 참을 수 없구나

가족의 품으로 돌아갈 수 있는
희망이란 시간은 허락할 것인가.

당신 하늘 당신 달

보름달이 지도록 대문을
열어 놓은 건
돌아올 자식이 있고 기다리는
어머니가 있기 때문이다

달이 휘영청 밝은 밤
하늘은 눈이 시리도록 푸르고
달은 째지도록 밝다는
어머니!

자식들 그리움을 숨죽인
한숨으로 풀어 내시던 당신을
제가 어미되어 알았습니다
어머니!

생전에 당신이 쳐다보시던
그 자리에 서서
그 하늘 그 달을 바라보며
알았습니다 그립습니다
어머니!

단양 장회나루

천년 세월을 살아낸 옥순봉
백 년을 살아도 못 만날 그 사람이 살고 있다
흔들리는 유람선 선창가 부서지는 그리움
세월 눕힌 기억 매달고 찾아온 단양팔경

푸른 물결 따라 사라지는 경관
제비봉 지날 때
그 사람 그리움이 강물처럼 출렁인다
이루지 못한 저문 옛사랑
가슴 시린 짝사랑 저 물결도 따라 웁니다

노을빛 붉어지는 황혼 들녘에
슬픔이 그리움을 시기하듯
부질없는 옛사랑 물길 따라 흘러가고

장회나루 경유하는 물길에
삶의 한 조각 띄어 보내고
돌아서는 등 뒤로 계절 이른 가을 햇빛과
홀연히 사라지는 바람이 되었다.

오월은 아프다

매화꽃이 피던 날
울컥 눈물이 나고
공허함에 가슴은 떨린다

꽃바람에 흔들리는 설익은 중년!
오월의 아카시아꽃 향기에
허약한 사랑은
구부정하게 늙어가고

매년 떠나보내는 사랑이지만
한 번도 사랑한 적 없고
이별만 남긴 상처에
이 봄이 서럽게 따라 웁니다

차마 보내지 못할 당신을 보내고
내 눈에 붉게 단풍 지는 한 세월이
또 그렇게 오겠지요.

첫눈 · 1

첫눈이 내리던 날
창가 어둠을 건너
찾아온 하얀 그리움

달도 별도
숨어버린 밤
하얀 밤 아파하니
까만 밤도 아파하네

칼 바람에
여린 가슴 베일까
여민 옷깃 움켜잡노라
무딘 손톱은 몸살을 하고

연분홍 붉은 입술
달빛 아래 홀로 외로워라.

꽃 소식

매화가 피는데
왜 눈물이 날까

남쪽 친구가
꽃 소식을 전하는데
내가 왜 가슴이 설레일까

혹한을 이겨내고
한 잎 도움 없이 핀 매화
너의 여린 꽃잎이
내 마음을 흔든다

왈칵
쏟아지는 눈물
뭐라 하지 마라 아직은
여자이기 때문이다.

도담삼봉

시월 늦은 가을날
수십 년 전 수학여행 시절
삼봉이 만나러 도담으로 향했다

삼봉이는
그 모습 그대로인데 나만 변했나
꿈 많던 소녀는 할머니가 되기까지
여름 소나기가 수없이 지나가고
겨울에 하얀 눈도 수십 년 다녀간 후

한겨울에 햇빛만큼 약한 미소로
떨리는 가슴을 포장해 노을빛
내려앉은 남한강

황포돛배에 승선하여
여행의 꽃을 피우며 향수에 젖은
어머니 고향 소식에 소라가 되어
도담에서 하루 노을이 진다.

원점

빗장 풀린 창 너머로

시린 가슴에
햇빛 찾아들어 오면

창가에 어리는

따사로운 햇살에
아려오는 두 눈 어두워

돌아오는 길
잃어버릴까 두렵구나.

딸 학부형 되던 날

2021년 3월 초등학교 정문 앞 감동과 기쁨의
물결이 출렁출렁 넘치는 날
오늘 주인공 보석 같은 외손녀 외손자 입학식
지금 딸 모습 40년 전 내 모습을 보는 것 같구나

태어나 처음 엄마 손 놓고 넓은 세상으로 첫발
내딛는 주인공 뒤에서 감격의 눈물 뚝뚝 떨어뜨리는 모습
40년 전 내 모습 꼭 닮았네
장하구나! 엄마 딸!

내 생에 할머니란 소리를 처음 듣던 날
세상을 다 얻은 것만 같았다 고맙다 딸!
늦깎이 결혼 노산의 몸이라 노심초사할 무렵

태아 사진을 보여줄 때 너무 감격해 말문이 닫혔지
몇 시간 후 울산 내려와 정신이 들어 그때 전화로
딸! 장하다며 큰일 해냈다며 축하한다며
안도의 숨을 쉬게 한 그 주인공이 입학하는 날

7년 전 일이지만 생각하면 지금도 가슴이 뛴다
하느님의 축복으로 딸 아들 엄마로 한 남자의

아내로 의무와 사랑으로 최선을 다하는 딸!

이십 대 엄마들보다 몇 배나 더 힘든 딸의
지친 모습 안쓰러워 속울음 삼키며
엄마는 강하다며 위로할 때 엄마 가슴은 아팠다

행복하게 잘 살아줘서 고맙다 사랑한다 딸!
건강하고 이쁜 딸 아들 출산으로 부모님 한태
효도하고 저 출산 시대 나라에 애국자인 딸!

건강하게 잘 키워 사회에 필요한 사람이 되도록
의무와 사랑으로 부부가 최선을 다하기 바란다

지혜로운 엄마 아빠가 되길 바란다
엄마는 믿는다
장한 딸! 엄마 딸! 사랑한다.

가방의 여정

목화송이 같은 눈이 창문으로
날아들어 아련한 향수를 뿌리고
사라지던 날

가슴 한 모퉁이 가방에 대한 간절한
그리움을 만지작거리다
50년쯤 쓰던 가방을 조심스레 열었다

텅 빈 가방 속 무수히 다녀 간
세월의 발자국들이 고독한 하루를
보내고 있었다

때론 눈부시게 때론 치열하게
넘나들던 삶도
망각하고 20층 토기장 안에서
눈꽃 핀 세상을 바라보며

숙명처럼 필연으로 받아들이는
처연한 그 모습
나를 보는 듯 눈물이 핑그르르 돌았다

넘치지 않은 삶이 조금씩 채워질 때
집도 나오고 자동차도 나오고 자식들
등록금도 척 척 나오던 가방

세월에 밀리고 유행에 밀려 녹슬고
뇌쇠해진 여정
긴 겨울을 건너온 바람 같구나

오늘도 내일도 20층 토기장 속에서
한 줄의 시를 쓰려고 가방 문을 열면
바람도 쉬어가고 구름도 놀다 간 뒤

무식한 하루 해가 문을 닫고
겨울 햇빛에 꾸덕꾸덕 잘 말려진 별이
토기장 문을 두드린다.

휴식

녹음 우거진 숲은 하늘을 덮고
바위 타고 떨어지는 물소리

천근이나 되던 영혼이 무색하듯
가벼워라

발 담근 물에 물고기 놀고
사람과 자연이 공존하는 청정한
신불산 계곡에 눠우니

맑은 물 위로 떠내려가는
풀잎처럼 하루치의 행복에
나래를 펼쳐노라.

현충일

부모님의 자식으로
한 여인의 지아비로
아이들의 아빠였을 님들이시여!

이 나라를 위하여
몸 바친 희생 앞에 대한민국이 있습니다
님들이시여!

사랑하는 부모님 품으로
사랑하는 아내의 곁으로
사랑하는 자녀의 아버지로
영원히 돌아오지 못하신
님들이시여!

어찌! 잊을수 있겠습니까
머무신 그곳이 어디일지라도
영원히 기억하겠습니다

편안하게 잠드소서
편안하게 잠드소서.

목련의 일생

뜨는 해도 지는 달도 망각하고
도도하고 청순한 자태에
바람도 비켜가더라

한 잎 도움 없이 바람을 가르고
새벽이슬 머금으며 순백의
나래를 펼치니 태양도
비껴가더라

향기 없는 꽃이 어디 있으랴
숨어 피는 꽃도 향기는 있었으리
해도 달도 비껴선 목련의 일생

차가운 별빛만 쏟아지고
세월이 흘린 눈물에
낙화된 꽃잎만 젖더라.

운무(雲霧)

하늘 눈물이 내리는 날

발가벗은

나뭇가지 눈물 매달고

먼 산자락에 놀던 운무

앞산 산허리 잘라 가더니

우리 집 뒷산까지 삼켜버렸네

내 영혼에 묻어 둔

그리움 잘라가지 말아다오.

해운대 동백섬

동백꽃이 핀다 해서 동백섬
칼바람 불던 그해 겨울 2월
동백섬에서 예쁜 조약돌*을 주웠다

다음 해 겨울 11월에
같은 자리에서 똑같은 조약돌
주울때 손이 시렵고 너무 추웠다

예쁜 조약돌 주머니에 넣고
겨울에도 따뜻하다는
울산 방어진 등대로 갔다

그 해 3월에 예쁜 조약돌
두개를 주울 때 따뜻한 봄날
내생에 너무 추웠던 해운대
내생에 너무 따뜻하던 울산.

* 재산목록 1호 2호 3호 4호.

벚꽃 지는 사월

4월은 잔인하다고 누가 말했나
아름다운 건 언제나

아쉬움 남기지만 바람과 동행한
봄비엔 속절 없더라

여린 꽃잎에 떨어지는 봄비
바람도 서러워 흘리는 눈물

매화란 이름 불러주기 전에
순백의 하얀 꽃잎이 눈물처럼
흘러내리는 오솔길

그 누구는
사랑을 꽃피우는 꽃길이 되고

그 어떤이는
헤어지는 이별 길 되었으니
아! 4월은 아프다.

회상(回想)

어느 한때 젊은 날
꽃비가 쏟아지는 초원에서

튼실한 몸과 정신으로
세상이 두렵지 않다며 내달리던

나의 초원
벚꽃 나무 아래서 꿈을 펼칠 때

높은 하늘도 손에 잡힐 듯
하드만

넓은 바다도 가슴에 품을 듯
하드만

높은 하늘도 넓은 바다도
두렵지 않다던

어느 한때 젊은 날.

내 인생 고속도로

고속도로는 나에 인생 전반의 길
1차선은 20대 혼자 몸이니 쌩쌩 달렸지
30~40대 되면서 2차선으로 차선 변경했지
소중한 짐을 실었으니 방어 운전하였지

50대가 되면서 3차선으로 차선 변경을 했네
4차선을 넘나들면서 휴게소에 쉬면서
한 뭉치씩 짐을 내렸지

마지막 짐을 내리고 보니
60대가 되었네 이제 4차선으로
여유롭게 가면서 짐 내린 휴게소마다
잘 있는지 확인도 하며

졸리면 자고 가라는 쉼터도 있지 않은가
달려온 육십 리 길 남은 사십 리
천천히 가세나 아주 천천히 가세나.

고향 폐역

너무 늦게 왔나 봐!
나의 유년 시절 멋스러웠던 당신
그 당당하던 모습 허물어진 줄 몰랐다

잘 있거니 잘 있을 거라며 언제든지
찾아오면 반겨주고 기다릴거라 믿었다
잠시 돌아보고 올 거라며 눈도장 찍고

떠난 지 강산이 다섯 번이나 다녀가고
나는 누렇게 익어서 돌아오던 날!

그림자처럼 서 있는 당신!
몸과 마음을 잠겨 놓으지 좀 되었다며
빈 역을 지키던 물푸레 나뭇잎도
파르르 떨었다

철조망 너머 망부석이 되어버린 당신!
돌아서는 내 가슴에 찬바람 불었다
너무 늦게 왔나 봐!

철길 넘어 우리 집으로 가던 길
사람이 다니는 온기마저 식어 버린 길
역사 화단에 채송화 봉선화 백일홍
철 따라 반겨주던 그 친구들

다 어디로 갔을까?
잠시 돌아보고 올 거라며 떠났을까?
나처럼 시인이 되려고.

매의 눈

아름다운 꽃보다
벌 나비가 찾아오는
꽃을 볼 줄 알아야한다

사람을 알고 싶으면 그 사람의
친구를 보면 알 수 있다

한 그루의 나무를 보지 말고
주위에 숲을 볼 줄 알아야 한다

산이 높고 낮음은
산을 넘어 보면서 알아가야 한다

물의 깊고 얕은 속을 알고 싶으면
소리내며 흐르는 물에는
발을 담그지 말아야 한다.

피는 꽃 지는 꽃

꽃을 피울 수 있는 건
태양 때문이라 말할 수 있나

꽃잎을 떨어뜨리는 건
바람 때문이라 말할 수 있나

산이 우는 소리도 들어보고
땅이 꺼지는 소리가 들릴 때

하늘은 천둥을 치고 비도 내린다
해가 지고 뜨는 순리일진대

비바람 이겨내고 만개한 사월의
붉은 진달래꽃이

눈물겹도록 아름답구나.

＊서울시장 당선되던 날.

본심

이 가을에
나뭇잎 떨어져
발길 멈추게 하더라도

먹먹해지는
가슴 내주지 않겠노라며

서늘한 가을바람
텅 빈 가슴 후려서

두 볼에
한줄기 소낙비 내리거든

억새에 이는 바람
살포시 다가와 여인의 눈물
거두어 주기 바란다.

이런 사랑 어디 없소

저 붉은 산등선 넘어
사람이 산다는 온기라도 있다면
그곳에 가고 싶소

쓰지 못한 마음 하나 던져도
후회하지 않을 향기 나는
그런 사람 만나고 싶소

별이 쏟아지는 밤이면
별을 헤고 달이 뜨면 어스름
달빛 아래 두런두런 이야기할
그런 사람과 사랑하고 싶소

하얀 눈 내리는 겨울이 오면
행복하다고 사랑한다며
차가운 가슴을 따뜻하게 덥혀줄
그런 사람과 살고 싶소.

막걸리와 파전 추억

가을을 재촉하는 비가 내린다
빗물로 얼룩진 유리창에 추억의 얼굴들
비 오는 날 파전에 막걸리 삐걱거리는
데크 의자에서 마셔야 낭만이고 추억이라며
단골집 포차 집에서 술잔 부딪치며
'이대로~'를 불러대던 그 시절 내 인생에
사랑도 돈도 친구도 다 갖추어진 봄날이었다

우정은 영원히라며 술잔 높이 치켜들었던 친구들
내 지갑에 배춧잎 풀풀 일어설 때
친구고 우정이지 내 지갑서 막걸리값이
치러질 때 인생에 돈이 전부가 아니라면
최고다 하던 짠돌이 친구

IMF 터지고 내 지갑에 배춧잎 사라지던 날
함께 사라진 친구도 있었고
힘내라며 어깨에 따뜻한 손 얹어 주던 친구
돈이 우선순위가 되어버린 빌어먹을 세상
돈보다 사랑이 좋더라는 노래도

젊어서 불러야 맛이 나지

어정쩡한 나이에 부르지 말아야 한다
젊은이들처럼 풋풋한 사랑은 아니더라도
막걸리와 노릇노릇 잘 구어진 파전 같은
구수한 사랑을 젊은이들이 모를 뿐이고
어정쩡한 나이에선 모르는척할 뿐이다.

경칩 날 개구리

겨우내 방구석에 있었더니
바깥세상이 궁금해

외출 겸 나가려고 창문을 열었더니

코로나19와 싸운다고
입 막고 코 막은 우주인들 뿐이니

나가면 뭘 하겠나

저 모양으로는 울음도 노래도
못 부르고 자가격리되기 전

조용히 춘분 때까지 기다리자.

첫눈 · 2

세상을 잠시라도

하얗게 변화시킬 수 있는 건

당신이 첫눈이기 때문이다

내 마음을 잠시라도

하얗게 돌려놓을 수 있는 건

당신이 첫사랑이기 때문이다

그런 사랑도 태양아래 속절없고

내 사랑도 세월 앞에 속절없더라.

고층 아파트

나어릴 적 산을 쳐다보며 살았지
나 늙어서 산을 내려다보며 산다

나어릴 적 냇가에서 개구리 울음소리
들으며 살았지

나 늙어서 수족관 속 울지 못하는
개구리 보면서 산다

나어릴 적 초원에서 뛰어다니면서
살았지

나 늙어서 토끼 집 속에서 허공 잡고
산다.

10월의 봉선화

내가 당신을 만나기까지
참 많은 시간과 어울렸다

봄이 지나가고 여름이 다녀간 뒤
겨울이 기다리고 서 있는 스산한

10월 마지막 날!
정원 숲속에 떨고 있는 당신
한여름 화려하던 시절도

세월 앞에 속절 없단 말
봉선화 당신보고 한 말 같구나
비껴간 세월 뒤 무색하여라.

사랑이 아니어도 좋다

중년을 넘어 두툼해진
황혼길로 들어서니
가슴에 휑한 바람이 분다

이런 날!
누군가의 손을 잡아보고 싶다
사랑이 아니어도 좋다

따뜻한 마음의 온기로 그리움 되어
텅 빈 가슴 채워질 수 있다면

마음속에 거울 걸어놓고
설레며 살고 싶다
사랑이 아니어도 좋다.

풀잎사랑

까만밤 하얗게 피도록

꽃피운 사랑

여명 앞에 사라질

운명 같은 사랑

초연히 사라지는 그 이름

풀잎사랑.

세상이 왜 이래

가을 없는 겨울이 없듯이
젊음 없는 노인이 없고
만남 없는 이별은 없더라

자식 없는 부모는 있어도
부모 없는 자식은 없더라
자식은 부모를 버릴 수 있어도
부모는 자식을 버리지 않더라

젊어서는 용기와 사랑이 힘이요
나이 들어서는 건강과 돈이 힘이요
몸이 성하니 자식도 있고
친구도 있는 것이다

약한 나무는 바람에 흔들리고
돈 없는 부모는 자식한테 흔들린다
이것이 우리네 인생이다.

소꿉친구 떠나던 날

봄이오면 고향 한번 들려 보자던 친구
살아생전 소꿉친구 셋이 한 번 만나자던 친구
무슨 바쁜게 있다고 서둘러 떠났는가?
다시 못 만나고 다시 돌아올 수 없는 길
알고 들어섰는가?
잘 가시게나 훨훨 좋은 곳으로
잘 가시게나

소꿉친구!
봄이오니 눈물이 나네
봄이오니 가슴 아프네
봄이오니 더욱 그립네
친구 생각에

소꿉친구!
매년 오는 봄이면 눈물 날것 같네
매년 오는 봄이면 가슴 아플것 같네
매년 오는 봄이면 친구 생각 날것 같네
매년 오는 봄이면 고향 그리워하면서
한 걸음 한 걸음 떠날 준비를 할 것 같네.

스타 커피 스토리

땅끝 남쪽 다랭이마을

스타 박원숙 커피 스토리

커피 맛도 스타일까

찻잔에 스타 향 한 스푼

다랭이 마을 한 스푼

쪽빛 바다 한 스푼

마시는 커피 스토리

순간만은 내가 주연이고

스타 박원숙은 조연이다

난 지금 커피 마시는 중이다.

어미의 기도

욕심 없는 마음 조건 없이
428일(사백 이십 팔 일)
856회(팔백오십 여섯 회)
시간을 주시어 감사합니다
단 하루도 빠짐없이 밝힌 촛불!
감사합니다

어미의 기도!
다시 시간을 주신다니
572일(오백 칠십 이 일)
1144회(일천 일백 사십 사 회)
하루도 빠짐없이 밝힐 촛불!
감사합니다

2022년 3월,
'1000일' '2000회'
감사합니다.

김승여 시집_ 저 강은 알고 있다

초판 인쇄 | 2022년 7월 20일
초판 발행 | 2022년 7월 25일

지 은 이 | 김승여
발 행 인 | 이광복
편집국장 | 김밝은

펴낸곳 | 사단법인 한국문인협회 月刊文學 출판부
주소 | 서울시 양천구 목동서로 225 대한민국예술인센터 1017호
전화 | 02-744-8046~7
팩스 | 02-743-5174
이메일 | klwa95@hanmail.net
등록 | 2011년 3월 11일 제2011-000081호
ISBN 978-89-6138-483-4 03810

값 12,000원